AF240217

A l'Abattoir !! les Cartellistes !!...

album-souvenir des Élections de 1928

par J. SENNEP

tirage sur véritable papier de boucherie

PRIX: 10 fr.

Editions Bossard — 140 boulevard Saint-Germain — Paris

22 AVRIL 1928

Copyright by Éditions Bossard, 1928

En guise de Préface...
OVIDE — MÉTAMORPHOSES
OVIDE — MÉTAMORPHOSES
OVIDE — MÉTAMORPHOSES
OVIDE — MÉTAMORPHOSES
MINISTÈRE DE L'INSTRUCTION PUBLIQUE
Les Métamorphoses de Bovide.

Le départ pour les circonscriptions.
— Déjà des sifflets !...
40 HOMMES
8 CHEVAUX (EN LONG)

HYMNE
A LA
TÊTE DE VEAU (*)

Toi qui te nourrissais des moindres graminées,
Dans ton oreille morte au large pavillon
S'effeuille le persil — comme les destinées,
Tremblant au vent des assemblées,
La veille de l'Élection …

Je t'adore, Caillaux ! tu avais la manière
Pour taxer la fortune au proportionnel,
Entrant dans chaque banque et dans chaque [chaumière,
Visitant la demeure entière,
Inventoriant le matériel !

Je te chante et tu peux m'accepter pour ton [prêtre,
Toi qui vins de Mamers sauver le billet bleu,
Et qui laissas tomber avant de disparaître
L'humble vitre dont la fenêtre
Voilait ton regard impérieux !

– –

Tu fis tourner les tournesols du ministère,
S'enfuir la monnaie d'or, croître le franc- [papier ;
Et quand, par les couloirs, tu vins avec mystère,
Tu fis rouler les "ronds" par terre…
Si beau, qu'on n'osait pas moufter !

(*) D'APRÈS
EDMOND ROSTAND.

Tu changes en émail le vernis d'une "cruche",
Tu fais un étendard d'un désolant torchon,
Dubarry, grâce à toi, a de l'or dans sa huche
Et le simple illettré se muche
Au sein de l'Administration. !

Gloire à toi sur les prés ! gloire à toi… dans les [vignes
Sois béni parmi l'herbe et parmi les bétails !
Grand lanceur de bobards et créateur de [signes !
Ô toi qui fais les grandes lignes,
Et qui fais les petits détails !

La coupure eut par toi sa sœur jumelle et sombre,
Tu as anéanti le métal qui reluit ;
De tout ce qui nous charme as su doubler le [nombre,
A tout billet donnant une ombre
Tout aussi charmante que lui !

Je t'adore, Caillaux ! tu mets au cœur des roses !
La flamme en Daladier ! un dieu dans le [Buisson !
Tu prends un "être obscur et tu l'apothéoses !
Tête de Veau, sans qui les choses
Ne seraient que ce qu'elles sont !

~~~~~
~~~~~

Monsieur Georges Bonnet.
Monsieur Nogaro.
Monsieur Cachin.
(Race gasconne)
(Race tarbaise)
(Race moscovite)
Monsieur Compère-Morel.
Monsieur Marty.
Monsieur Léon Meyer.
(Race languedocienne)
(Veau marin)
(Race bretonne)
Monsieur Varenne.
Monsieur Viollette.
Monsieur Diagne.
(Race indo-chinoise)
(Race algérienne)
(Race sénégalaise)

La ferme - modèle.
Le Président Bouisson :
« J'ai deux grands bœufs dans mon étable... »

Monsieur
P.-P. Painlevé.

— Voyons, mon cher Sarraut, celui-là est fichu d'avance :
... il a le tournis !

Monsieur
P.-N. Renaudel.

Le veau
à deux têtes.

Monsieur
François-Albert.
Le veau mort-né.
Monsieur
Loucheur.
Le veau d'or est toujours debout !
Monsieur
Léon Blum.
La vache
enragée.

Le Supplice
de Daladier.

Après le
découpage.

Monsieur Uhry.

ROGNON
45.000

PIEDS

LANGUES

SINGE

GÎTE
A LA
NOIX

Monsieur Arthur Levasseur
ancien haut-commissaire
aux Loyers.

(Pas de cervelle.)

monsieur Malvy.

Le Poteau de Vincennes.

Édouard, Aristide et Jean Hennessy.

La dernière pipe.

La dernière cigarette.

Le petit verre de Cognacq.

et la suprême toilette.

VRNE

Le char funèbre.

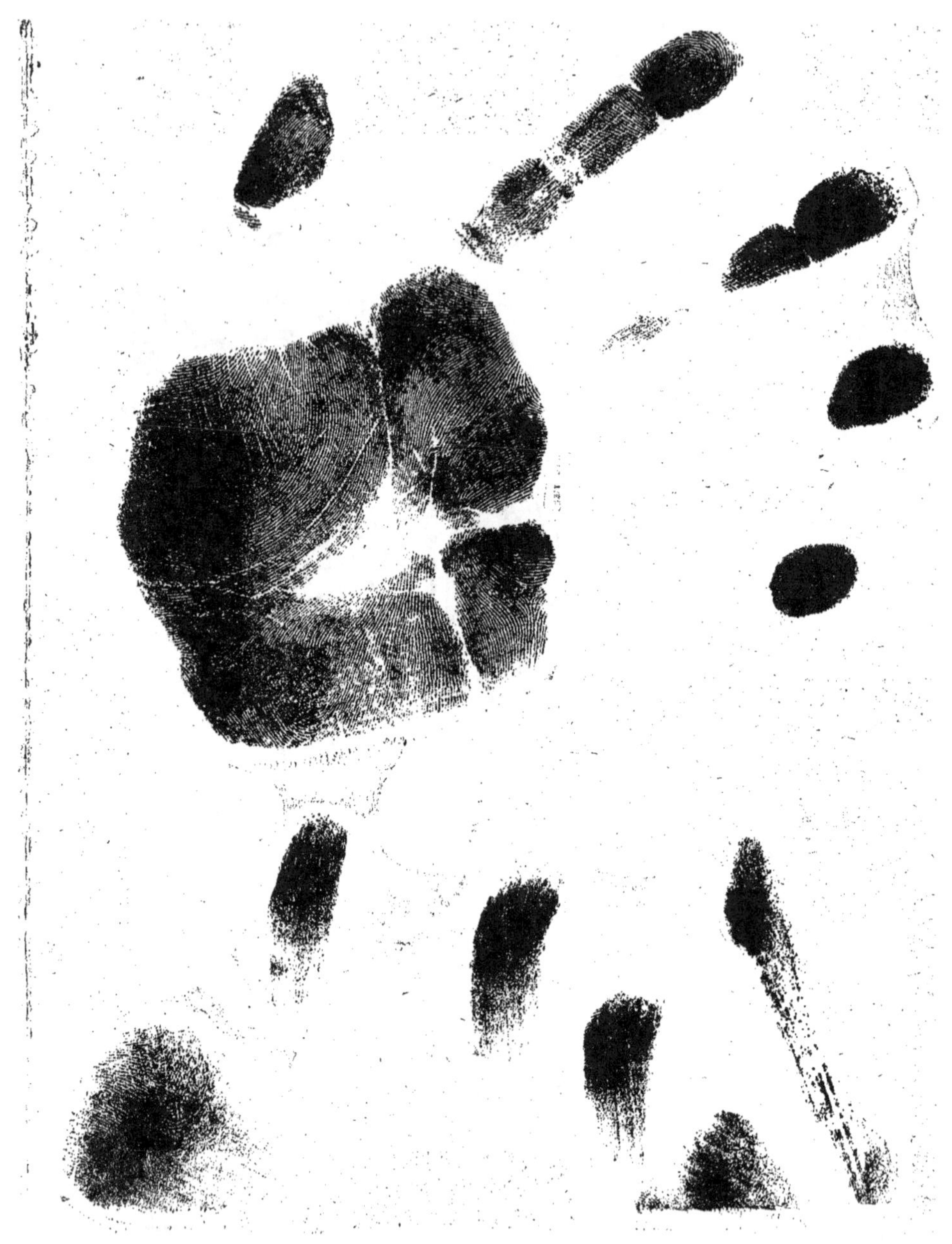

La dernière
distribution
de ruban rouge
BOUDIN
EXTRA

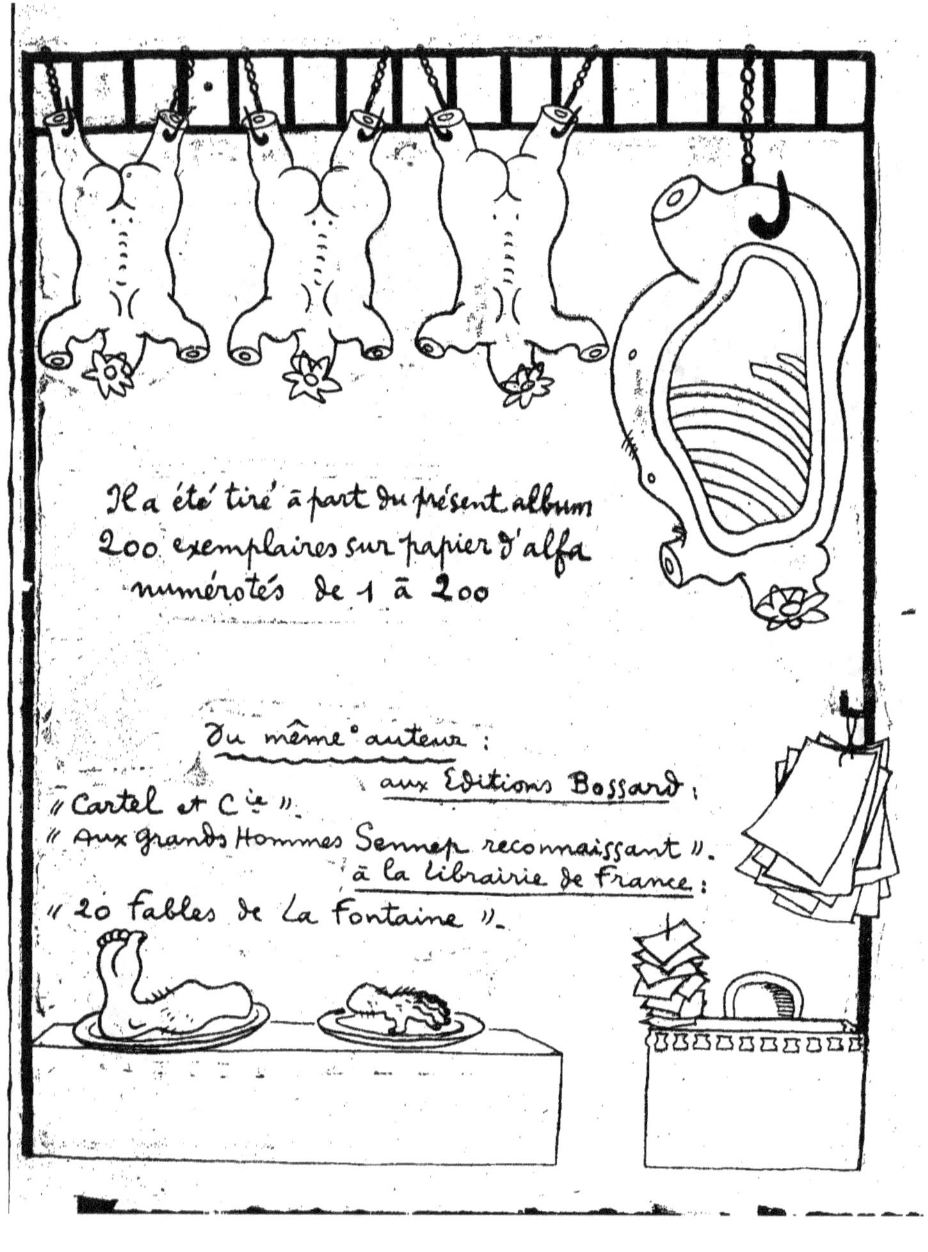
Il a été tiré à part du présent album
200 exemplaires sur papier d'alfa
numérotés de 1 à 200

Du même auteur :
aux Editions Bossard :
« Cartel et Cie ».
« Aux grands Hommes Sennep reconnaissant ».
à la librairie de France :
« 20 Fables de La Fontaine ».

IMPRIMERIE
CH. HÉRISSEY
:: ÉVREUX ::